Babas

Estérelle Payany

Photographies Caroline Faccioli

Stylisme Sabine Paris

SOLAR EDITIONS

Si vous souhaitez recevoir notre catalogue et être tenu au courant de nos publications, envoyez-nous vos nom et adresse, en citant ce livre et en précisant les domaines qui vous intéressent.

Éditions SOLAR
12, avenue d'Italie
75013 Paris

Internet : www.solar.fr

Pour Bernadette et Marie-Pierre.

Des questions ? Des suggestions ? N'hésitez pas à contacter l'auteur :
http://www.esterkitchen.com
esterkitchen@gmail.com

Sabine Paris remercie les boutiques et personnes suivantes pour leur aimable prêt d'objets :

HMT carrelages : www.hmt.fr (pp.13, 27, 32, 35, 47) ; Montgolfier assiettes : www.montgolfier.fr (pp.19, 20, 27, 28, 32, 55) ; Louisélio assiettes : 14 rue Chabanais, 75002 Paris ; 01 42 97 54 65 (pp.15, 24, 31, 35, 39) ; GARGANTUA : www.gargantua.ch (pp. 23, 44) ; Corinne Jausserand : Points de vente au 06 07 21 88 75 (pp. 36, 43, 47) ; AES ardoises : www.aes-distribution.com (pp.40, 59).

Direction littéraire : Corinne Cesano
Édition : Delphine Depras
Responsable artistique : Vu Thi
Graphisme : Julia Philipps
Collaboratrice éditoriale : Vanessa Redureau
Mise en pages : Chantal Guézet, Encre Blanche
Fabrication : Laurence Ledru
Photogravure : Point 4

ISBN : 978-2-263-04876-0

Code éditeur : S04876/02

Dépôt légal : octobre 2009

Imprimé en France par Pollina - n° L51956

Suite du premier tirage

Sommaire

Introduction

Il a l'air tout simple, ce dodu gâteau ivre de rhum. C'est souvent sur le tard qu'on y goûte, puisque son alcool en fait la prérogative des grandes personnes. Et pourtant, lorsqu'on y succombe, on y découvre des trésors et des histoires... déjà cachés dans son nom. Référence à l'Ali Baba des Mille et Une Nuits ? Clin d'œil dans sa forme ventrue à la grande jupe bouffante des babkas, les « bonnes femmes » des pays de l'Est, dont il serait originaire ? Nul ne peut l'affirmer !
Selon la légende, c'est le beau-père de Louis XV, Stanislas Leszczynski, roi déchu de Pologne, qui eut l'idée, vers 1730, de tremper dans un peu de vin doux son kouglof rassis pour épargner ses dents mal en point. Certains soufflent que c'est en fait Nicolas Stohrer, pâtissier du roi, qui imagina ce dessert. Pourtant, ce n'est qu'en 1835 que les pâtissiers de sa boutique eurent l'idée de le plonger dans le rhum. Les frères Julien, leurs grands concurrents, inventèrent alors en 1844 le savarin, de forme circulaire et sans raisins, trempé dans un sirop au kirsch, à l'absinthe et à l'eau de rose. De la Pologne à la Turquie, en passant par l'Italie, le succès de ce gâteau fit tourner toutes les têtes au XIXe siècle.
Bonne pâte, le baba se prête à toutes les variations, en jouant avec le sirop de punchage (avec ou sans alcool) et les garnitures. Baba au rhum ou babas cools, il y en aura forcément un qui vous laissera baba...

Pâte à baba traditionnelle

Pour 1 grand baba pour 6 personnes (moule à savarin de 24-26 cm de diamètre)

5 œufs (bio ou fermiers, de préférence)

120 g de beurre mou

450 g de farine

50 g de sucre en poudre

20 g de levure de boulanger fraîche (1/2 cube) ou 1 sachet de levure de boulanger déshydratée

20 cl d'eau chaude

8 g de sel fin

La pâte à baba traditionnelle s'apparente à une pâte à brioche avec moins de beurre mais riche en œufs.

• Émiettez la levure dans un bol, ajoutez l'eau chaude mais pas bouillante et mélangez jusqu'à parfaite dissolution. Ajoutez 200 g de farine et mélangez à l'aide d'une cuillère en bois. Couvrez d'un film étirable et laissez reposer 15 minutes : le levain va gonfler.

• Versez le levain dans la cuve d'un robot pétrisseur ou d'une machine à pain. Ajoutez les 250 g de farine restante, les œufs, le sucre et le sel, et pétrissez pendant 2 minutes. Ajoutez le beurre mou en morceaux et pétrissez encore 3 minutes jusqu'à ce que la pâte soit lisse.

• Versez la pâte dans un saladier, couvrez d'un torchon et laissez lever 20 minutes.

• Préchauffez votre four à 180 °C (th. 6). Beurrez un grand moule à savarin et versez-y la pâte jusqu'à mi-hauteur. Laissez encore lever 30 minutes.

• Mettez le baba au four et laissez cuire 25 à 30 minutes.

• Démoulez le baba tiède et imbibez-le de sirop chaud à votre convenance.

Conseil : vous pouvez également préparer cette pâte en utilisant les crochets à pâte de votre batteur ou, bien sûr, à la main. Armez-vous de patience et d'énergie, car la pâte est particulièrement collante : vos efforts seront récompensés !

Pâte à baba express

Pour 1 grand baba, 12 babas individuels ou 16 minibabas

3 œufs (bio ou fermiers, de préférence)

5 cl de lait (entier ou demi-écrémé)

150 g de farine

50 g de sucre en poudre

2 cuill. à soupe d'huile neutre au goût (arachide, tournesol, maïs…)

1 sachet de levure chimique

1 pincée de sel

Pour les gourmands pressés, une délicieuse pâte à baba faite en un clin d'œil.

• Préchauffez votre four à 180 °C (th. 6). Séparez les blancs des jaunes d'œufs. Battez les jaunes avec le sucre jusqu'à ce que le mélange blanchisse.

• Versez le lait et l'huile. Mélangez bien, puis ajoutez la farine et la levure chimique.

• Battez les blancs en neige avec le sel et ajoutez-les délicatement à la pâte. Beurrez vos moules à babas (même s'ils sont en silicone, car cette pâte attache très facilement). Remplissez-les aux deux tiers.

• Mettez les babas au four et laissez cuire 20 minutes. Démoulez les babas chauds et imbibez-les rapidement du sirop chaud de votre choix.

Conseil : pour les plus pressés, vous pouvez même ne pas battre les blancs en neige. Vos babas seront un peu plus denses, mais très bons quand même. Selon les recettes, variez le corps gras (huile ou beurre fondu), le lait (de vache ou végétal, type soja, amande) et la quantité de sucre (selon le sirop).

Baba de Stanislas

Pour 1 grand baba (moule à savarin de 24 à 26 cm de diamètre)

Pour la pâte

5 œufs

10 cl de lait entier

120 g de beurre mou

450 g de farine

50 g de sucre en poudre

20 g de levure de boulanger fraîche (1/2 cube) ou 1 sachet de levure de boulanger déshydratée

100 g de raisins secs

1 dosette de safran (soit 0,5 g)

10 cl d'eau chaude

8 g de sel fin

Pour le sirop

150 g de sucre en poudre

20 cl de vin doux de Málaga

1 dosette de safran (soit 0,5 g)

40 cl d'eau

Un baba en l'honneur du roi Stanislas Leszczynski, qui aimait arroser son kouglof de vin doux.

• Faites chauffer le lait et ajoutez-y le safran. Émiettez la levure dans un bol, ajoutez l'eau chaude mais pas bouillante et mélangez jusqu'à parfaite dissolution. Dans un saladier, mélangez avec une cuillère en bois 200 g de farine, le lait parfumé et la levure. Couvrez d'un film étirable et laissez reposer 15 minutes : le levain va gonfler.

• Versez le levain dans la cuve d'un robot-pétrisseur ou d'une machine à pain. Ajoutez les 250 g de farine restante, les œufs, le sucre et le sel, et pétrissez pendant 2 minutes. Ajoutez le beurre mou en morceaux et pétrissez encore 3 minutes jusqu'à ce que la pâte soit lisse.

• Versez la pâte dans un saladier, couvrez d'un torchon et laissez lever 20 minutes.

• Préchauffez votre four à 180 °C (th. 6). Beurrez un grand moule à savarin. Ajoutez les raisins secs à la pâte et versez-la dans le moule jusqu'à mi-hauteur. Laissez encore lever 30 minutes.

• Mettez le baba au four et laissez cuire 25 à 30 minutes.

• Préparez le sirop : mélangez l'eau et le sucre, portez à ébullition. Hors du feu, ajoutez le safran, mélangez jusqu'à parfaite dissolution, puis versez le vin doux.

• Démoulez le baba tiède et imbibez-le de sirop chaud. Laissez-le absorber le sirop durant 5 minutes, puis retournez-le afin qu'il s'imprègne de tous côtés. Recommencez cette opération deux fois.

• Laissez votre baba dans un endroit frais jusqu'à consommation. Il doit baigner dans son sirop pendant 8 heures au minimum, l'idéal étant de le faire la veille. À l'aide d'une louche, nappez-le régulièrement de sirop.

• Servez votre baba nature ou avec de la crème pâtissière (voir p. 62).

Savarins au rhum et au sirop vanillé

Pour 1 grand baba, 12 babas individuels ou 16 minibabas

Pour la pâte

5 œufs (bio ou fermiers, de préférence)

120 g de beurre mou

450 g de farine

50 g de sucre en poudre

20 g de levure de boulanger fraîche (1/2 cube) ou 1 sachet de levure de boulanger déshydratée

20 cl d'eau chaude

8 g de sel fin

Pour le sirop

140 g de sucre roux en poudre

2 gousses de vanille Bourbon

20 cl de rhum vieux

40 cl d'eau

Pour la crème

50 cl de crème liquide entière

2 sachets de sucre vanillé

Le baba au rhum est le dessert classique par excellence ! Confectionnez-le dans un moule en couronne et garnissez son centre de chantilly et de fruits.

- Préparez les babas et faites-les cuire selon la recette de la p. 6.
- Pendant la cuisson, préparez le sirop : dans une grande casserole, mélangez l'eau, le sucre et les gousses de vanille fendues et grattées de leurs graines (mettez dans le sirop les gousses ainsi que les graines). Menez à ébullition en mélangeant jusqu'à ce que le sucre soit parfaitement dissous, couvrez et laissez infuser 10 minutes.
- Démoulez les babas dans un plat creux et percez-les en plusieurs endroits à l'aide d'une aiguille pour permettre au sirop de s'infiltrer à cœur.
- Ôtez les gousses de vanille du sirop, puis faites-le chauffer. Ajoutez le rhum hors du feu. Versez le sirop brûlant sur les babas en plusieurs fois.
- Laissez les babas absorber le sirop 5 minutes, puis retournez-les afin qu'ils s'imprègnent de tous côtés. Recommencez cette opération deux fois.
- Laissez vos babas dans un endroit frais jusqu'à consommation. Ils doivent baigner dans leur sirop pendant 8 heures au minimum, l'idéal étant de les faire la veille. À l'aide d'une louche, nappez-les régulièrement de sirop.
- Préparez la chantilly selon la recette de la p. 63.
- Ôtez le sirop restant du plat à babas pour le servir à part. Garnissez le centre des babas de crème Chantilly vanillée et servez immédiatement.

Gorenflot

Pour 1 grand baba
(moule à savarin de 24 à 26 cm de diamètre)

Pour la pâte

5 œufs (bio ou fermiers, de préférence)

120 g de beurre mou

450 g de farine

50 g de sucre en poudre

20 g de levure de boulanger fraîche (1/2 cube) ou 1 sachet de levure de boulanger déshydratée

20 cl d'eau chaude

8 g de sel fin

Pour le sirop

20 cl de sirop d'orgeat

5 cl d'anisette (Marie Brizard®)

5 cl de liqueur d'absinthe (Versinthe®, Absente®…)

25 cl d'eau

Gâteau du XVIe siècle de forme hexagonale, ce savarin a été remis au goût du jour au XIXe siècle grâce au sirop d'absinthe. Il devrait son nom à un personnage d'Alexandre Dumas.

- Préparez le baba et faites-le cuire selon la recette de la p. 6.
- Pendant la cuisson, préparez le sirop : dans une casserole, mélangez l'eau et le sirop d'orgeat. Menez à ébullition et ajoutez l'anisette et l'absinthe.
- Démoulez le baba et disposez-le dans un grand plat creux ou, mieux, dans une boîte hermétique. Versez le sirop chaud sur le baba chaud.
- Couvrez et laissez le baba s'imprégner de sirop pendant au moins 8 heures.
- Servez tel quel ou accompagné de crème pâtissière (voir p. 62).

Conseil : attention, le goût amer de l'absinthe peut surprendre ! Réservez ce baba aux amateurs de sensations étonnantes. Le moule à gorenflot se déniche encore sur Internet : http://www.hummel.co.th.

Babas napolitains au limoncello

Pour 16 minibabas

Pour la pâte

3 œufs (bio ou fermiers, de préférence)

5 cl de lait (entier ou demi-écrémé)

1 zeste de citron non traité

150 g de farine

50 g de sucre en poudre

2 cuill. à soupe d'huile d'olive

1 sachet de levure chimique

1 pincée de sel

Pour le sirop

5 cl de jus de citron

25 cl de sirop de sucre en bouteille

10 cl de limoncello

20 cl d'eau

Les babas se sont également acclimatés à Naples, où ils ont pris la forme de bouchons. À la place du rhum, ils sont plongés dans un sirop de limoncello, alcool de citron de Sorrente.

• Préparez les babas en ajoutant le zeste de citron râpé à la pâte et faites-les cuire selon la recette de la p. 9.

• Pendant la cuisson, préparez le sirop : dans une casserole, mélangez l'eau, le sirop de sucre et le jus de citron. Menez à ébullition et ajoutez le limoncello hors du feu.

• Démoulez les babas et disposez-les dans un grand plat creux ou, mieux, dans une boîte hermétique. Versez le sirop chaud sur les babas chauds.

• Couvrez et laissez les babas s'imprégner de sirop pendant au moins 8 heures.

• Servez les babas en proposant un petit verre de limoncello à part.

Conseil : faites bouillir le sirop avec le limoncello si vous voulez ôter toute trace d'alcool et ne garder que le parfum ensoleillé !

Rhubarbabas

Pour 1 grand baba, 12 babas individuels ou 16 minibabas

Pour la pâte

3 œufs (bio ou fermiers, de préférence)

5 cl de lait (entier ou demi-écrémé)

150 g de farine

50 g de sucre en poudre

1/2 cuill. à café de gingembre en poudre

2 cuill. à soupe d'huile neutre au goût (arachide, tournesol, maïs…)

1 sachet de levure chimique

1 pincée de sel

Pour le sirop

5 cl de jus d'orange ou de citron (fraîchement pressé ou Pulco®)

1 morceau de gingembre frais de 25 g environ

140 g de sucre en poudre

40 cl d'eau

Pour la garniture

500 g de rhubarbe rose

250 g de fraises

120 g de sucre en poudre

So british ! L'alliance printanière de la rhubarbe et de la fraise est rehaussée par la saveur citronnée du gingembre.

• Préparez les babas en ajoutant le gingembre à la pâte et faites-les cuire selon la recette de la p. 9.

• Pendant la cuisson, préparez le sirop : pelez le gingembre et émincez-le en fines lamelles. Dans une casserole, menez à ébullition l'eau, le sucre, le jus d'orange ou de citron et le gingembre. Couvrez, laissez infuser 10 minutes, puis filtrez.

• Démoulez les babas et disposez-les dans un grand plat creux ou, mieux, dans une boîte hermétique. Versez le sirop chaud sur les babas chauds.

• Couvrez et laissez les babas s'imprégner de sirop pendant au moins 8 heures.

• Préparez la garniture : coupez la rhubarbe en tronçons et ôtez ses fils. Saupoudrez-la de sucre et laissez-la reposer 1 heure. Équeutez les fraises et coupez-les en petits morceaux. Faites cuire la rhubarbe pendant 20 minutes à feu très doux, puis ajoutez les fraises. Mélangez et laissez cuire encore 3 minutes. Laissez refroidir.

• Garnissez le cœur de vos babas de compote et servez.

Conseils : la rhubarbe est particulièrement acidulée. La faire mariner dans le sucre permet d'en mettre moins tout en l'adoucissant. Vous pouvez également la blanchir 2 minutes à l'eau bouillante avant de la faire cuire.

Babas à l'orange

Pour 1 grand baba, 12 babas individuels ou 16 minibabas

Pour la pâte

3 œufs (bio ou fermiers, de préférence)

5 cl de lait (entier ou demi-écrémé)

1 zeste d'orange non traitée

150 g de farine

50 g de sucre en poudre

2 cuill. à soupe d'huile neutre au goût (arachide, tournesol, maïs…)

1 sachet de levure chimique

1 pincée de sel

Pour le sirop

50 cl de jus d'orange fraîchement pressé ou pur jus

100 g de miel toutes fleurs

2 cuill. à soupe d'eau de fleur d'oranger

Pour la garniture

3 oranges sanguines

6 dattes

1 cuill. à soupe d'eau de fleur d'oranger

Un rayon de soleil vitaminé au cœur de l'hiver, parfait à l'heure du goûter.

- Préparez les babas en ajoutant le zeste d'orange râpé à la pâte et faites-les cuire selon la recette de la p. 9.
- Pendant la cuisson, préparez le sirop : dans une casserole, portez à ébullition le jus d'orange et le miel. Hors du feu, ajoutez l'eau de fleur d'oranger.
- Démoulez les babas et disposez-les dans un grand plat creux ou, mieux, dans une boîte hermétique. Versez le sirop chaud sur les babas chauds.
- Couvrez et laissez les babas s'imprégner de sirop pendant au moins 8 heures.
- Préparez la garniture : pelez les oranges à vif et prélevez leurs quartiers sans peau blanche. Fendez les dattes pour retirer leurs noyaux. Hachez-les finement. Mélangez les oranges et les dattes, ajoutez l'eau de fleur d'oranger.
- Garnissez le cœur de vos babas de salade d'oranges et servez.

Conseil : à la place de la salade d'oranges, vous pouvez garnir vos babas de kumquats en rondelles.

Babas pralinés à la poire

Pour 1 grand baba, 12 babas individuels ou 16 minibabas

Pour la pâte

3 œufs (bio ou fermiers, de préférence)

5 cl de lait (entier ou demi-écrémé)

30 g de beurre fondu

150 g de farine

60 g de pralin en poudre (au rayon pâtisserie)

1 sachet de levure chimique

1 pincée de sel

Pour le sirop

25 cl de jus de pomme trouble

10 cl de sirop de sucre en bouteille

10 cl d'eau

Pour la garniture

2 belles poires

150 g de sucre en poudre

1 pincée de gingembre en poudre

25 cl d'eau

Noisettes et poires font bon ménage dans des babas qui vous feront aimer l'hiver. Attention : ces babas n'ont pas besoin de sucre dans leur pâte, celui-ci lui étant apporté par le pralin.

• Préparez les babas en ajoutant le pralin dans la pâte et faites-les cuire selon la recette de la p. 9.

• Pendant la cuisson, préparez le sirop : dans une casserole, mélangez le jus de pomme, l'eau et le sirop de sucre.

• Démoulez les babas et disposez-les dans un grand plat creux ou, mieux, dans une boîte hermétique. Versez le sirop chaud sur les babas chauds.

• Couvrez et laissez les babas s'imprégner de sirop pendant au moins 8 heures.

• Préparez la garniture : pelez les poires et ôtez leur cœur. Coupez-les en dés. Faites chauffer l'eau. Dans une casserole, faites fondre le sucre jusqu'à l'obtention d'un caramel blond, puis ajoutez l'eau bouillante et le gingembre. Plongez les poires dans ce sirop au caramel et laissez-les cuire 10 minutes environ jusqu'à ce qu'elles soient tendres. Égouttez-les.

• Garnissez le cœur des babas de dés de poire au caramel et servez.

Conseil : utilisez des poires Comice ou Conférence, qui sont à la fois fermes et juteuses, et resteront en morceaux sans se transformer en compote.

Babas d'été (babas à la pêche et à la verveine)

Pour 1 grand baba, 12 babas individuels ou 16 minibabas

Pour la pâte

3 œufs (bio ou fermiers, de préférence)

5 cl de lait d'amande (en magasin bio)

30 g de beurre fondu

150 g de farine

50 g de sucre en poudre

2 gouttes d'extrait d'amande amère

1 sachet de levure chimique

1 pincée de sel

Pour le sirop

25 cl de nectar d'abricot ou de pêche

2 cuill. à soupe de miel

2 cuill. à soupe de verveine sèche (ou 2 sachets)

25 cl d'eau

Pour la garniture

3 pêches jaunes mûres

30 cl de yaourt à la grecque (soit 2 pots)

1 cuill. à soupe de miel

Il fait chaud... Proposez donc des minibabas en verrines, gorgés de fruits juteux, très rafraîchissants en plein été !

• Préparez les babas en ajoutant à la pâte l'extrait d'amande amère et faites-les cuire selon la recette de la p. 9.

• Pendant la cuisson, préparez le sirop : faites infuser la verveine dans l'eau bouillante. Filtrez, versez dans une casserole avec le nectar d'abricot ou de pêche et le miel, puis portez à ébullition.

• Démoulez les babas et disposez-les dans un grand plat creux ou, mieux, dans une boîte hermétique. Versez le sirop chaud sur les babas chauds.

• Couvrez et laissez les babas s'imprégner de sirop pendant au moins 8 heures.

• Préparez la garniture : pelez les pêches en les plongeant dans l'eau chaude 30 secondes, puis en les rafraîchissant à l'eau froide. Dénoyautez-les et coupez-les en dés. Mélangez le yaourt, le miel et les dés de pêche. Réservez au réfrigérateur.

• Garnissez le centre de vos babas de yaourt à la pêche.

Conseil : dosez l'extrait d'amande amère avec précision, car il est particulièrement concentré. Ayez la main légère !

Babas d'automne (babas à la figue et au romarin)

Pour 1 grand baba, 12 babas individuels ou 16 minibabas

Pour la pâte

3 œufs (bio ou fermiers, de préférence)

5 cl de lait (entier, ou demi-écrémé)

150 g de farine

30 g de sucre en poudre

10 à 12 figues sèches

2 cuill. à soupe d'huile d'olive

1 sachet de levure chimique

1 pincée de sel

Pour le sirop

50 cl de jus de raisin

3 branches de romarin

2 cuill. à soupe de miel

Pour la garniture

1 dizaine de figues fraîches (6 si elles sont très grosses)

10 cl de crème épaisse

1 sachet de sucre vanillé

1 cuill. à soupe d'huile d'olive

Figues fraîches, figues sèches, romarin et huile d'olive : ces babas vous donneront envie d'être en septembre pour pouvoir les déguster !

• Préparez les babas en ajoutant les figues sèches coupées en petits morceaux dans la pâte et faites-les cuire selon la recette de la p. 9.

• Pendant la cuisson, préparez le sirop : dans une casserole, menez à ébullition le jus de raisin, le miel et le romarin. Couvrez et laissez infuser pendant 10 minutes. Filtrez le sirop et faites-le réchauffer si nécessaire.

• Démoulez les babas et disposez-les dans un grand plat creux ou, mieux, dans une boîte hermétique. Versez le sirop chaud sur les babas chauds.

• Couvrez et laissez les babas s'imprégner de sirop pendant au moins 8 heures.

• Préparez la garniture : rincez et séchez les figues. Coupez-les en tranches épaisses. Poêlez-les brièvement dans l'huile d'olive, saupoudrez-les de sucre vanillé et laissez-les caraméliser 1 minute.

• Garnissez le cœur de vos babas de figues poêlées chaudes, ajoutez un peu de crème épaisse par-dessus et servez.

Conseil : si vous avez la chance d'en trouver, préférez les figues blanches, plus savoureuses.

Pink babas

Pour 1 grand baba, 12 babas individuels ou 16 minibabas

Pour la pâte

3 œufs (bio ou fermiers, de préférence)

5 cl de lait (entier ou demi-écrémé)

150 g de farine

50 g de sucre en poudre

2 cuill. à soupe d'huile d'olive

1 sachet de levure chimique

1 pincée de sel

Pour le sirop

10 cl de sirop de rose

2 sachets d'infusion d'hibiscus

30 cl d'eau

Pour la garniture

250 g de framboises

250 g de litchis (frais ou au sirop)

Des babas de princesse, au goût de rose et de framboise... avec la pointe d'exotisme de l'hibiscus et du litchi.

- Préparez les babas et faites-les cuire selon la recette de la p. 9.
- Pendant la cuisson, préparez le sirop : faites infuser les sachets d'hibiscus 10 minutes dans l'eau et ajoutez le sirop de rose. Filtrez le sirop et faites-le réchauffer si nécessaire.
- Démoulez les babas et disposez-les dans un grand plat creux ou, mieux, dans une boîte hermétique. Versez le sirop chaud sur les babas chauds.
- Couvrez et laissez les babas s'imprégner de sirop pendant au moins 8 heures.
- Préparez la garniture : rincez et séchez les framboises. Épluchez les litchis et dénoyautez-les s'ils sont frais, sinon égouttez-les de leur sirop. Mélangez framboises et litchis.
- Garnissez le cœur de vos babas de salade de framboises et litchis, et servez.

Conseils : la tisane d'hibiscus s'achète dans les magasins bio. Vous la trouverez également sous le nom de karkadé ou de bissap dans les magasins exotiques. Acidulée et rafraîchissante, elle offre une couleur violette spectaculaire !

Vous pouvez également ajouter 5 cl de Soho® (liqueur de litchi) au sirop de vos babas. Si vous en trouvez, parsemez vos babas de pétales de rose non traités.

Babas Cendrillon

Pour 1 grand baba, 12 babas individuels ou 16 minibabas

Pour la pâte

3 œufs (bio ou fermiers, de préférence)

5 cl de lait (entier ou demi-écrémé)

150 g de farine

50 g de sucre en poudre

2 cuill. à soupe d'huile neutre au goût (arachide, tournesol, maïs…)

1 sachet de levure chimique

1 pincée de sel

Pour le sirop

15 cl de jus d'ananas sans sucre ajouté

15 cl de jus d'orange sans sucre ajouté

5 cl de jus de citron

25 cl de sirop de sucre en bouteille

Pour la garniture

1 ananas Victoria

2 cuill. à soupe de sucre roux en poudre

Ne craignez pas de vous retrouver transformé en citrouille si vous en croquez : un Cendrillon, c'est un cocktail sans alcool mélangeant citron, orange et ananas !

- Préparez les babas et faites-les cuire selon la recette de la p. 9.
- Pendant la cuisson, préparez le sirop : dans une casserole, mélangez les jus d'ananas, d'orange et de citron, et le sirop de sucre, puis portez à ébullition.
- Démoulez les babas et disposez-les dans un grand plat creux ou, mieux, dans une boîte hermétique. Versez le sirop chaud sur les babas chauds.
- Couvrez et laissez les babas s'imprégner de sirop pendant au moins 8 heures.
- Préparez la garniture : pelez l'ananas et découpez-le en dés. Faites-le caraméliser 2 minutes avec le sucre roux dans une grande poêle en remuant sans cesse.
- Garnissez le cœur de vos babas d'ananas poêlé et servez.

Conseil : vous pouvez également faire revenir votre ananas avec 2 cuillerées à soupe de vinaigre balsamique pour une saveur plus originale.

Babas Mont-Blanc

Pour 1 grand baba, 12 babas individuels ou 16 minibabas

Pour la pâte

3 œufs (bio ou fermiers, de préférence)

5 cl de lait (entier ou demi-écrémé)

30 g de beurre fondu

150 g de farine

30 g de sucre en poudre

1 sachet de levure chimique

1 pincée de sel

Pour le sirop

20 cl de sirop de sucre en bouteille

2 gousses de vanille Bourbon

25 cl d'eau

Pour la garniture

30 cl de crème fleurette

200 g de crème de marrons vanillée

6 marrons glacés

Marrons glacés, crème fouettée et crème de marrons : une véritable escalade au sommet de la gourmandise !

• Préparez le sirop : mélangez l'eau et le sirop de sucre dans une casserole. Fendez les gousses de vanille en deux et grattez leurs graines. Ajoutez-les au sirop, ainsi que les gousses vides. Portez à ébullition, couvrez et laissez infuser 2 heures.

• Préparez les babas et faites-les cuire selon la recette de la p. 9.

• Démoulez les babas et disposez-les dans un grand plat creux ou, mieux, dans une boîte hermétique. Ôtez les gousses de vanille du sirop, faites chauffer le sirop et versez-le bien chaud sur les babas chauds.

• Couvrez et laissez les babas s'imprégner de sirop pendant au moins 8 heures.

• Préparez la garniture : battez la crème en chantilly ferme. Versez la chantilly sur la crème de marrons et mélangez délicatement à l'aide d'une spatule souple (maryse) pour obtenir une mousse.

• Garnissez le cœur de vos babas de crème de marrons et décorez d'un demi-marron glacé.

Conseil : pour une version alcoolisée, ajoutez 10 cl de whisky au sirop, dont le goût s'harmonise merveilleusement avec celui des marrons.

Babamisù

Pour 1 grand baba, 12 babas individuels ou 16 minibabas

Pour la pâte

3 œufs (bio ou fermiers, de préférence)

5 cl de lait (entier ou demi-écrémé)

150 g de farine

30 g de sucre en poudre

2 cuill. à soupe d'huile neutre au goût (arachide, tournesol, maïs…)

1 sachet de levure chimique

1 pincée de sel

Pour le sirop

140 g de sucre en poudre

10 cl de marsala

40 cl de café fort

Pour la garniture

2 œufs

250 g de mascarpone

1 sachet de sucre vanillé

2 cuill. à soupe de cacao amer non sucré

1 pincée de sel

En quelques années, le tiramisù est devenu l'un des desserts préférés des Français. Raison de plus pour métisser les traditions pâtissières française et italienne !

• Préparez les babas et faites-les cuire selon la recette de la p. 9.

• Pendant la cuisson, préparez le sirop : dans une casserole, mélangez le café et le sucre. Faites chauffer à feu doux pour faire fondre le sucre, sans faire bouillir le café. Ajoutez le marsala.

• Démoulez les babas et disposez-les dans un grand plat creux ou, mieux, dans une boîte hermétique. Versez le sirop chaud sur les babas chauds.

• Couvrez et laissez les babas s'imprégner de sirop pendant au moins 8 heures.

• Préparez la garniture : mélangez le mascarpone avec le sucre vanillé et les jaunes d'œufs. Battez les blancs en neige avec le sel et ajoutez-les délicatement au mélange précédent.

• Garnissez le cœur de vos babas de crème au mascarpone et saupoudrez de cacao amer au moment de servir.

Conseil : si vous n'avez pas de marsala, vous pouvez le remplacer par un autre muscat (frontignan, rivesaltes) ou par un alcool à l'amande amère, type amaretto.

Savana babas (ou babas marbrés)

Pour 1 grand baba, 12 babas individuels ou 16 minibabas

Pour la pâte

3 œufs (bio ou fermiers, de préférence)

5 cl de lait (entier ou demi-écrémé)

150 g de farine

50 g de sucre en poudre

2 cuill. à café de cacao en poudre

2 cuill. à soupe d'huile neutre au goût (arachide, tournesol, maïs…)

1 sachet de levure chimique

1 pincée de sel

Pour le sirop

25 cl de sirop de sucre en bouteille

2 gousses de vanille

2 sachets de thé aromatisé à la vanille

25 cl d'eau

Pour la ganache

25 cl de crème liquide

150 g de chocolat à pâtisser

Fleur de sel de Guérande

À faire déguster à ceux qui ne jurent que par le fondant au chocolat ! L'alliance du baba moelleux et de la ganache délicatement salée est irrésistible.

• Préparez les babas selon la recette de la p. 9. Séparez la pâte en deux portions égales, ajoutez le cacao tamisé à une moitié de pâte et mélangez. Répartissez les pâtes blanche et noire en les alternant dans les moules de façon à avoir des babas marbrés, et faites-les cuire selon la même recette.

• Pendant la cuisson, préparez le sirop : faites infuser le thé dans l'eau bouillante. Grattez les gousses de vanille et prélevez leurs graines. Ajoutez-les ainsi que les gousses vides au thé et au sirop de sucre. Portez le mélange à ébullition et laissez infuser à couvert. Filtrez le sirop et faites-le réchauffer si nécessaire.

• Démoulez les babas et disposez-les dans un grand plat creux ou, mieux, dans une boîte hermétique. Versez le sirop chaud sur les babas chauds.

• Couvrez et laissez les babas s'imprégner de sirop pendant au moins 8 heures.

• Préparez la ganache : hachez finement le chocolat et réservez-le dans un grand bol. Faites chauffer la crème et versez-la en deux ou trois fois sur le chocolat, en remuant sans cesse. La ganache va se former, elle doit avoir la consistance d'une mayonnaise.

• Garnissez le cœur de vos babas d'une cuillerée de ganache, poudrez de quelques grains de fleur de sel et servez.

Conseil : tout le secret de cette recette est dans le sel. C'est lui qui révèle toutes les saveurs du chocolat et de la vanille.

Babas Tatin

Pour 1 grand baba, 12 babas individuels ou 16 minibabas

Pour la pâte

3 œufs (bio ou fermiers, de préférence)

5 cl de lait (entier ou demi-écrémé)

150 g de farine

30 g de sucre roux en poudre

2 cuill. à soupe d'huile neutre au goût (arachide, tournesol, maïs…)

1 sachet de levure chimique

1 pincée de sel

Pour le sirop

30 cl de jus de pomme trouble (de préférence)

Jus de 1/2 citron

80 g de sucre en poudre

20 cl d'eau

Pour la garniture

500 g de pommes

50 g de beurre demi-sel

50 g de sucre roux en poudre

1 cuill. à café de crème fraîche

Pommes, beurre, sucre : l'inimitable saveur de la tarte Tatin est indémodable et se retrouve parfaitement dans ces babas gourmands.

• Préparez les babas et faites-les cuire selon la recette de la p. 9.

• Pendant la cuisson, préparez le sirop : dans une casserole, mélangez l'eau, le jus de pomme, le jus de citron et le sucre. Menez à ébullition.

• Démoulez les babas et disposez-les dans un grand plat creux ou, mieux, dans une boîte hermétique. Versez le sirop chaud sur les babas chauds.

• Couvrez et laissez les babas s'imprégner de sirop pendant au moins 8 heures.

• Préparez la garniture : pelez et coupez en petits dés les pommes. Faites fondre le beurre dans une grande sauteuse. Faites-y dorer les pommes pendant 10 minutes environ. Saupoudrez de sucre roux et remuez sans cesse jusqu'à ce que les pommes caramélisent.

• Garnissez le cœur de vos babas de pommes caramélisées chaudes et ajoutez une cuillerée à café de crème fraîche bien froide.

Conseil : vous pouvez ajouter 5 cl de calvados à votre sirop. Le jus de pomme trouble est du jus non filtré, plus riche en saveurs et moins sucré, que vous trouverez au rayon frais ou dans les magasins bio.

Babas choco-menthe

Pour 1 grand baba, 12 babas individuels ou 16 minibabas

Pour la pâte

3 œufs (bio ou fermiers, de préférence)

5 cl de lait (entier ou demi-écrémé)

150 g de farine

50 g de sucre en poudre

2 cuill. à café de cacao amer non sucré

2 cuill. à soupe d'huile neutre au goût (arachide, tournesol, maïs…)

1 sachet de levure chimique

1 pincée de sel

Pour le sirop

70 g de sucre en poudre

70 g de pastilles Vichy® à la menthe

2 sachets de thé vert parfumé à la menthe

50 cl d'eau

Pour la garniture

40 cl de crème liquide entière

50 g de chocolat noir à pâtisser (minimum 60 % de cacao)

3 cuill. à soupe de feuilles de menthe fraîche

Menthe et chocolat, une alliance qui a fait ses preuves !

• Préparez les babas en ajoutant le cacao tamisé dans la pâte et faites-les cuire selon la recette de la p. 9.

• Pendant la cuisson, préparez le sirop : faites infuser le thé dans l'eau bouillante pendant 10 minutes. Versez-le dans une casserole, ajoutez le sucre et les pastilles Vichy®. Faites fondre à feu doux jusqu'à dissolution complète.

• Démoulez les babas et disposez-les dans un grand plat creux ou, mieux, dans une boîte hermétique. Versez le sirop chaud sur les babas chauds.

• Couvrez et laissez les babas s'imprégner de sirop pendant au moins 8 heures.

• Préparez la garniture : lavez, séchez et émincez finement les feuilles de menthe. Versez-les dans un saladier avec la crème, mélangez bien et laissez reposer au réfrigérateur pendant 1 heure.

• Un peu avant de servir, finalisez la garniture : râpez finement le chocolat noir. Filtrez la crème à l'aide d'une passoire à grille fine. Fouettez la crème à la menthe à l'aide d'un batteur jusqu'à ce qu'elle épaississe. Ajoutez les copeaux de chocolat et mélangez à l'aide d'une spatule souple (maryse).

• Répartissez la crème fouettée à la menthe et au cacao au cœur des babas et servez immédiatement.

Conseil : vous pouvez également parfumer votre sirop avec de l'alcool de menthe, type Get 27®.

Babas au caramel

Pour 1 grand baba, 12 babas individuels ou 16 minibabas

Pour la pâte

3 œufs (bio ou fermiers, de préférence)

5 cl de lait (entier ou demi-écrémé)

150 g de farine

30 g de sucre en poudre

10 Daim® (bonbons de caramel enrobés de chocolat au lait)

2 cuill. à soupe d'huile neutre au goût (arachide, tournesol, maïs…)

1 sachet de levure chimique

1 pincée de sel

Pour le sirop

140 g de sucre en poudre

1 gousse de vanille

50 cl d'eau

Pour la garniture

100 g de crème fraîche épaisse

125 g de confiture de lait du commerce ou maison (voir recette p. 63)

Du caramel croquant aux éclats de Daim® et du caramel fondant à la confiture de lait… Une recette très attachante !

• Préparez les babas selon la recette de la p. 9. Hachez les Daim® en fins morceaux à l'aide d'un grand couteau sur une planche à découper. Ajoutez-les à la pâte et faites-les cuire selon la même recette.

• Pendant la cuisson, préparez le sirop : faites chauffer l'eau avec la gousse de vanille grattée, laissez infuser 5 minutes à couvert, puis filtrez. Dans une casserole, versez le sucre et faites-le caraméliser en tournant sans arrêt. Lorsqu'il est blond, ajoutez l'infusion de vanille sans cesser de tourner pour obtenir un sirop de caramel.

• Démoulez les babas et disposez-les dans un grand plat creux ou, mieux, dans une boîte hermétique. Versez le sirop chaud sur les babas chauds.

• Couvrez et laissez les babas s'imprégner de sirop pendant au moins 8 heures.

• Préparez la garniture : versez la crème fraîche dans un bol et ajoutez-y la confiture de lait. Mélangez grossièrement pour obtenir des zébrures artistiques.

• Répartissez la crème au cœur des babas et servez immédiatement.

Conseil : vous pouvez également ajouter 5 à 10 cl de rhum agricole au sirop.

Babas Colada

Pour 1 grand baba, 12 babas individuels ou 16 minibabas

Pour la pâte

3 œufs (bio ou fermiers, de préférence)

5 cl de lait de coco

150 g de farine

50 g de sucre en poudre

2 cuill. à soupe d'huile neutre au goût (arachide, tournesol, maïs…)

1 sachet de levure chimique

1 pincée de sel

Pour le sirop

20 cl de jus d'ananas

15 cl de lait de coco

8 cl de rhum brun

5 cl de rhum blanc

Pour la garniture

1 petit ananas

4 cuill. à soupe de noix de coco râpée

La Piña Colada est le cocktail emblématique de Porto Rico. Saviez-vous que son nom signifie tout simplement « ananas pressé » ?

- Préparez les babas avec le lait de coco et faites-les cuire selon la recette de la p. 9.
- Pendant la cuisson, préparez le sirop : portez à ébullition le jus d'ananas et le lait de coco. Ajoutez les rhums hors du feu.
- Démoulez les babas et disposez-les dans un grand plat creux ou, mieux, dans une boîte hermétique. Versez le sirop chaud sur les babas chauds.
- Couvrez et laissez les babas s'imprégner de sirop pendant au moins 8 heures.
- Préparez la garniture : pelez et ôtez les yeux de l'ananas. Coupez-le en petits morceaux. Répartissez la noix de coco dans une assiette creuse et passez-y les morceaux d'ananas afin de les enrober de noix de coco neigeuse.
- Répartissez l'ananas au cœur des babas et servez immédiatement.

Conseil : si vous n'avez pas de rhum blanc, utilisez 13 à 15 cl de très bon rhum brun dans votre sirop.

Babas Cuba Libre

Pour 1 grand baba, 12 babas individuels ou 16 minibabas

Pour la pâte

3 œufs (bio ou fermiers, de préférence)

5 cl de lait (entier ou demi-écrémé)

1 zeste de citron vert non traité

150 g de farine

50 g de sucre en poudre

2 cuill. à soupe d'huile neutre au goût (arachide, tournesol, maïs…)

1 sachet de levure chimique

1 pincée de sel

Pour le sirop

40 cl de Coca-Cola®

5 cl de jus de citron vert

10 cl de rhum

Pour la garniture

1 pot de marmelade de citron vert (épicerie anglaise)

Bonbons « bouteilles de Coca-Cola® »

Coca, rhum et citron : des babas pas très conventionnels… mais tellement bons !

• Préparez les babas en ajoutant le zeste de citron vert râpé et faites-les cuire selon la recette de la p. 9.

• Pendant la cuisson, préparez le sirop : mélangez le Coca-Cola®, le rhum et le jus de citron vert.

• Démoulez les babas et disposez-les dans un grand plat creux ou, mieux, dans une boîte hermétique. Versez le sirop sur les babas chauds.

• Couvrez et laissez les babas s'imprégner de sirop pendant au moins 8 heures.

• Garnissez le cœur des babas d'une cuillerée à café de marmelade de citron, décorez éventuellement de quelques bonbons « bouteilles de Coca-Cola® » et servez immédiatement.

Babas Irish Coffee

Pour 1 grand baba, 12 babas individuels ou 16 minibabas

Pour la pâte

3 œufs (bio ou fermiers, de préférence)

5 cl de lait (entier ou demi-écrémé)

150 g de farine

50 g de sucre en poudre

2 cuill. à soupe d'huile neutre au goût (arachide, tournesol, maïs…)

1 sachet de levure chimique

1 pincée de sel

Pour le sirop

160 g de sucre en poudre

10 cl de whisky

8 cuill. à café de café soluble (Nescafé®)

50 cl d'eau

Pour la garniture

40 cl de crème liquide entière

3 cuill. à soupe de liqueur de Bailey's® (crème de whisky)

Servi à l'origine à l'aéroport de Dublin, l'Irish Coffee a fait le tour du monde. Whisky, café et crème, les babas s'en accomodent parfaitement !

• Préparez les babas et faites-les cuire selon la recette de la p. 9.

• Pendant leur cuisson, préparez le sirop : faites chauffer l'eau et le sucre. Lorsque le mélange frémit, ajoutez le café et mélangez. Hors du feu, ajoutez le whisky.

• Démoulez les babas et disposez-les dans un grand plat creux ou, mieux, dans une boîte hermétique. Versez le sirop chaud sur les babas chauds.

• Couvrez et laissez les babas s'imprégner de sirop pendant au moins 8 heures.

• Préparez la garniture : mettez la crème liquide, un grand saladier, ainsi que les fouets de votre batteur au congélateur pendant 30 minutes.

• Versez la crème dans le saladier et fouettez-la avec votre batteur électrique jusqu'à ce qu'elle double de volume et fasse des pics. Ajoutez la liqueur de Bailey's® et mélangez à l'aide d'une spatule souple (maryse).

• Répartissez la crème fouettée au Bailey's® au cœur des babas et servez immédiatement.

Babas Gin Tonic

Pour 1 grand baba, 12 babas individuels ou 16 minibabas

Pour la pâte

3 œufs (bio ou fermiers, de préférence)

5 cl de lait (entier ou demi-écrémé)

1 zeste de citron non traité

150 g de farine

50 g de sucre en poudre

2 cuill. à soupe d'huile neutre au goût (arachide, tournesol, maïs…)

1 sachet de levure chimique

1 pincée de sel

Pour le sirop

35 cl de tonic (Schweppes®)

5 cl de Pulco® citron

10 cl de gin

Pour la garniture

1 pot de lemon curd (épiceries fines ou anglaises)

10 bonbons « soucoupes volantes »

Le Gin Tonic a été inventé il y a plus de 150 ans par les colons anglais d'Inde : les babas se devaient d'y goûter !

• Préparez les babas en ajoutant le zeste de citron râpé et faites-les cuire selon la recette de la p. 9.

• Pendant la cuisson, préparez le cocktail en mélangeant le tonic, le gin et le Pulco® citron.

• Versez le Gin Tonic sur les babas chauds.

• Couvrez et laissez les babas s'imprégner de sirop pendant au moins 8 heures.

• Préparez la garniture : ouvrez chaque bonbon « soucoupe volante » pour récupérer la poudre acidulée.

• Déposez une cuillerée à café de lemon curd au cœur de chaque baba et saupoudrez de poudre citronnée au moment de servir.

Conseil : vous pouvez également préférer ces babas sans crème, en les saupoudrant directement de poudre pétillante.

Babas Cosmopolitan

Pour 1 grand baba, 12 babas individuels ou 16 minibabas

Pour la pâte

3 œufs (bio ou fermiers, de préférence)

5 cl de lait (entier ou demi-écrémé)

1 zeste d'orange non traitée

160 g de farine

20 g de sucre en poudre

30 g de cranberries séchées

2 cuill. à soupe d'huile neutre au goût (arachide, tournesol, maïs…)

1 sachet de levure chimique

1 pincée de sel

Pour le sirop

40 cl de jus de cranberry (Ocean Spray®)

5 cl de jus de citron vert

80 g de sucre en poudre

10 cl de vodka

5 cl de Cointreau®

Pour la crème

50 cl de crème liquide entière

2 cuill. à soupe de sucre glace

Le cocktail rose préféré des filles de Sex and the City se transforme en baba girly. À servir bien sûr dans des verres à cocktail !

- Préparez les babas en ajoutant le zeste d'orange et les cranberries séchées dans la pâte. Faites-les cuire selon la recette de la p. 9.
- Pendant la cuisson, préparez le sirop : dans une casserole, mélangez le jus de cranberry, le jus de citron vert et le sucre. Faites bouillir et ajoutez hors du feu la vodka et le Cointreau®.
- Démoulez les babas et disposez-les dans un grand plat creux ou, mieux, dans une boîte hermétique. Versez le sirop chaud sur les babas chauds.
- Couvrez et laissez les babas s'imprégner de sirop pendant au moins 8 heures.
- Préparez la crème Chantilly (voir recette p. 63).
- Garnissez le cœur de vos babas de crème et servez.

Conseil : pour décorer vos babas, utilisez des pétales de rose cristallisés (rayon pâtisserie ou magasins indiens) ou des billes argentées à déposer en forme de collier le long des babas.

Babas à la tomate, au chèvre et à la tapenade

Pour 1 grand baba, 12 babas individuels ou 16 minibabas

Pour la pâte

3 œufs (bio ou fermiers, de préférence)

7 cl de lait (entier ou demi-écrémé)

150 g de farine

20 g de sucre en poudre

2 cuill. à soupe de concentré de tomate

10 rondelles de tomates séchées

2 cuill. à soupe d'huile d'olive

1 sachet de levure chimique

1 pincée de sel

Pour le sirop

20 cl de jus de tomate

1 cuill. à café de Viandox®

20 cl d'eau

Pour la garniture

1 fromage de chèvre frais (type Chavroux® ou Petit Billy®)

1 pot de tapenade noire

En entrée ou à l'apéritif, ces babas sont bien plus moelleux et rafraîchissants qu'un cake salé !

• Préparez les babas selon la recette de la p. 9 en ajoutant le concentré de tomate en même temps que le lait et ajoutez les tomates séchées finement émincées. Faites-les cuire selon la même recette.

• Pendant la cuisson, préparez le sirop : faites chauffer l'eau et le Viandox®, ajoutez le jus de tomate et mélangez.

• Démoulez les babas et disposez-les dans un grand plat creux ou, mieux, dans une boîte hermétique. Versez le sirop chaud sur les babas chauds.

• Couvrez et laissez les babas s'imprégner de sirop pendant au moins 8 heures.

• Garnissez le cœur de chaque baba d'une cuillerée de fromage de chèvre frais et d'un peu de tapenade. Servez bien frais.

Conseil : si vous en aimez le goût, utilisez du chèvre cendré ou même du crottin de Chavignol, au goût plus typé.

Babas à la courgette et au basilic

Pour 16 minibabas

Pour la pâte

3 œufs (bio ou fermiers, de préférence)

7 cl de lait (entier ou demi-écrémé)

1 petite courgette (100 g)

1 cuill. à soupe de pesto (en pot)

150 g de farine

20 g de sucre en poudre

2 cuill. à soupe d'huile d'olive

1 sachet de levure chimique

1 pincée de sel

Pour le sirop

1 bouquet de basilic frais

1/2 cube de bouillon de légumes

40 cl d'eau

Pour la garniture

16 mozzarellas cerises

16 tomates cerises

Huile d'olive

Des saveurs méditerranéennes à déguster en version mini à l'apéritif.

• Préparez les babas selon la recette de la p. 9 en ajoutant le pesto et la courgette râpée à la pâte. Faites-les cuire selon la même recette.

• Pendant la cuisson, préparez le sirop : faites chauffer l'eau avec le bouillon émietté, ajoutez le basilic et couvrez. Laissez infuser 10 minutes, filtrez et chauffez à nouveau.

• Démoulez les babas et disposez-les dans un grand plat creux ou, mieux, dans une boîte hermétique. Versez le sirop chaud sur les babas chauds.

• Couvrez et laissez les babas s'imprégner de sirop pendant au moins 8 heures.

• Préparez la garniture : lavez et séchez les tomates cerises. Disposez-les sur des pics avec les boules de mozzarella. Passez-les très rapidement dans l'huile d'olive. Piquez une brochette au centre de chaque baba et servez bien frais.

Conseil : vous pouvez également servir ces minibabas avec une crème fromagère au basilic et au cerfeuil (voir recette p. 63).

Babas à la carotte et à la coriandre

Pour 16 minibabas

Pour la pâte

3 œufs (bio ou fermiers, de préférence)

7 cl de lait (entier ou demi-écrémé)

100 g de carottes

150 g de farine

20 g de sucre en poudre

1/2 cuill. à café de coriandre en poudre

2 cuill. à soupe d'huile d'olive

1 sachet de levure chimique

1 pincée de sel

Pour le sirop

30 cl de jus de carotte

10 cl de jus d'orange frais

1/2 cube de bouillon de légumes

10 cl d'eau

Pour la garniture

150 g de fromage frais à tartiner

150 g de fromage blanc

1 cuill. à café de moutarde

1 bouquet de coriandre fraîche

Poivre du moulin

La salade de carottes à la marocaine revue et dégustée en des babas sucrés-salés.

• Préparez les babas selon la recette de la p. 9 : pelez et râpez les carottes, puis préparez la pâte en ajoutant les carottes râpées et la coriandre. Faites-les cuire selon la même recette.

• Pendant la cuisson, préparez le sirop : faites bouillir le jus de carotte, le jus d'orange, l'eau et le bouillon émietté.

• Démoulez les babas et disposez-les dans un grand plat creux ou, mieux, dans une boîte hermétique. Versez le sirop chaud sur les babas chauds.

• Couvrez et laissez les babas s'imprégner de sirop pendant au moins 8 heures.

• Préparez la crème fromagère à la coriandre (voir recette p.63) et garnissez-en le cœur de vos babas. Servez bien frais.

Conseil : pour préserver le goût salé de vos babas, utilisez de préférence des oranges fraîches que vous presserez. Le résultat n'en sera que meilleur.

Babas au citron et au saumon fumé

Pour 1 grand baba, 12 babas individuels ou 16 minibabas

Pour la pâte

3 œufs (bio ou fermiers, de préférence)

7 cl de lait (entier ou demi-écrémé)

1 zeste de citron non traité

150 g de farine

20 g de sucre en poudre

2 cuill. à soupe d'huile d'olive

1 sachet de levure chimique

1 pincée de sel

Pour le sirop

15 cl de jus de citron (frais ou Pulco® citron)

5 cl de vodka

25 cl d'eau

Pour la garniture

6 tranches de saumon fumé

1 barquette de fromage frais nature à tartiner

1/2 bouquet de ciboulette ou 1/2 bouquet d'aneth

Poivre du moulin

Pour changer des blinis, proposez ces babas en version individuelle dans des verrines.

• Préparez les babas en ajoutant le zeste de citron finement râpé à la pâte et faites-les cuire selon la recette de la p. 9.

• Pendant la cuisson, préparez le sirop : plongez le jus de citron et la vodka dans l'eau bouillante.

• Démoulez les babas et disposez-les dans un grand plat creux ou, mieux, dans une boîte hermétique. Versez le sirop chaud sur les babas chauds.

• Couvrez et laissez les babas s'imprégner de sirop pendant au moins 8 heures.

• Préparez la garniture : hachez finement la ciboulette ou l'aneth, mélangez avec le fromage frais et poivrez. Tartinez les tranches de saumon fumé de cette crème et roulez-les. Coupez des tronçons de saumon fumé aux herbes.

• Garnissez vos babas et servez.

Conseil : vous pouvez également servir vos babas avec une crème fromagère (voir recette p. 63), puis les recouvrir d'une tranche du poisson fumé de votre choix (truite, maquereau…).

• Les babas se bonifient avec le temps : essayez toujours de les préparer au moins 24 heures à l'avance pour qu'ils soient parfaitement imbibés.

• Toutes les recettes de ce livre peuvent être indifféremment réalisées avec une pâte à baba traditionnelle (à la levure de boulanger) ou une pâte à baba express. Néanmoins, la première est plus adaptée aux sirops alcoolisés et aux grands moules, tandis que la seconde donnera son meilleur dans de petits moules en silicone, type moule à minisavarin ou minikouglof.

• Pour la pâte express, cuisez-la sans attendre, car elle contient beaucoup de levure chimique. Il faut éviter que son action ne commence avant la cuisson au four ; vos babas seraient alors moins gonflés.

• Avec ou sans alcool ? C'est à vous de choisir ! Si vous ajoutez l'alcool dans votre sirop et le laissez chauffer environ 2 minutes, l'alcool va s'évaporer. Vous aurez le goût sans l'ivresse… Si vous préférez un parfum plus fort, il vous suffit de l'ajouter hors du feu ou de proposer un petit verre à liqueur de l'alcool concerné à part, pour que chacun arrose son baba comme il l'entend.

• Pour des babas brillants comme chez le pâtissier, il vous suffit de les abricoter, c'est-à-dire de les recouvrir d'une fine couche de confiture (abricots, oranges…) diluée avec un peu d'eau chaude, à appliquer délicatement au pinceau.

• Le sirop de sucre tout prêt en bouteille de verre, que l'on emploie habituellement pour les punchs, fait gagner un temps précieux dans la préparation des sirops de trempage des babas. Néanmoins, si vous n'en avez pas, vous pouvez le remplacer par du sucre et de l'eau, sachant que 10 cl de sirop de sucre = 80 g de sucre + 2 cl d'eau.

Crème pâtissière

Pour 400 g de crème : 3 jaunes d'œufs, 25 cl de lait entier, 25 g de farine, 60 g de sucre en poudre, 15 g de Maïzena®, 1 gousse de vanille

• Grattez la gousse de vanille et ajoutez ses graines au lait. Portez à ébullition en mélangeant fréquemment.

• Battez les jaunes d'œufs avec le sucre jusqu'à ce qu'ils blanchissent. Tamisez la farine et la Maïzena® au-dessus du saladier, fouettez.

• Ajoutez un tiers du lait chaud et mélangez, puis versez ce mélange dans la casserole de lait hors du feu.

• Faites cuire la crème à feu doux en remuant sans cesse, 1 à 2 minutes, jusqu'à ce qu'elle épaississe.

• Versez dans un saladier, recouvrez de film étirable en le mettant au contact de la surface de la crème pour éviter la formation d'une croûte.

• Laissez refroidir puis réservez au réfrigérateur jusqu'au moment de servir.

Crème Chantilly

Pour garnir 1 grand baba : 50 cl de crème liquide entière, 2 cuill. à soupe de sucre glace

- Mettez la crème liquide, un grand saladier, ainsi que les fouets de votre batteur au réfrigérateur pendant au moins 2 heures.
- Versez la crème dans le saladier et fouettez-la à vitesse moyenne. Ajoutez le sucre en pluie lorsque la crème commence à monter.
- Continuez à fouetter jusqu'à ce qu'elle double de volume et fasse des pics.
- Consommez immédiatement ou conservez au réfrigérateur pendant 8 heures environ.

Confiture de lait

Ingrédients : 1 boîte de lait concentré sucré (410 g), 1 pincée de cannelle, 1 pincée de fleur de sel

- Ôtez si nécessaire l'étiquette en papier de la boîte de lait concentré et percez deux trous sur son couvercle. Placez la boîte dans une casserole d'eau bouillante et laissez cuire à petits bouillons pendant 3 heures. Vérifiez régulièrement le niveau d'eau dans la casserole et ajoutez-en si nécessaire. Laissez tiédir et ouvrez la boîte.
- Ajoutez la cannelle et le sel. Mixez la confiture à l'aide d'un mixer jusqu'à ce qu'elle soit bien lisse.
- Versez dans un pot de verre, fermez et gardez au réfrigérateur jusqu'à utilisation.

Cette confiture se conserve au frais 2 semaines environ.

Conseil : vous pouvez également préparer cette confiture de lait à l'autocuiseur. Percez la boîte, couvrez-la d'eau et comptez 45 minutes de cuisson à partir du chuchotis de la soupape. Laissez refroidir la boîte avant de l'ouvrir sous peine d'explosion !

Crème fromagère pour babas salés

Ingrédients : 150 g de fromage frais à tartiner, 150 g de fromage blanc, 1 cuill. à café de moutarde, herbes aromatiques de votre choix : ciboulette, basilic, cerfeuil, poivre du moulin

- Lavez, séchez et hachez finement les herbes.
- Dans un bol, travaillez le fromage frais, la moutarde et quelques tours de moulin à poivre : pas la peine d'ajouter du sel, le fromage frais est déjà assez salé.
- Ajoutez le fromage blanc puis les herbes et mélangez.
- Conservez au frais jusqu'à utilisation pour garnir le centre de vos babas salés.

Index des recettes

Antipasti
Soupes
Crumbles
Wok
Oeufs cocotte
Tiramisu
Quelques titres de la collection vedette
NOUVELLES VARIATIONS GOURMANDES
Terrines
Tartares
Verrines express
Lasagnes
Cakes
Hamburgers
Madeleines
Crêpes
Gaspachos
Verrines gourmandes
Cuillères apéritives
Financiers
Tajines
Bricks
Espumas & petites mousses
Panna cotta
SOLAR EDITIONS